AF233816

G. CAPUS

PROMENADE HYGIÉNIQUE

EN

ASIE CENTRALE

(Extrait de l'*Assistance*, mai 1891.)

PARIS

PUBLICATIONS DE LA POLICLINIQUE DE PARIS

28, RUE MAZARINE, 28

—

1891

PROMENADE HYGIÉNIQUE

EN

ASIE CENTRALE

Conférence faite à la Policlinique de Paris, le 27 Février 1891

PAR

M. G. CAPUS

Mesdames, Messieurs,

Tamerlan ou Tamer-lank était, on le sait, boiteux. Il fut aussi le plus grand émir de l'Asie centrale, la claudication du pied ne déterminant point celle de l'esprit — les exemples sont la règle — et on dit couramment « avoir de l'esprit comme un bossu ».

Timour a exterminé une bonne partie de ses contemporains qui se refusaient à être ses concitoyens et, s'il a semé des ruines, il a créé des édifices, s'il a détruit des royaumes, il a fait vivre un empire. Et si on veut considérer ceci comme une métaphore, il apparaîtra du bien dans beaucoup de mal : des races aryennes, sédentaires, déchues, abâtardies, impuissantes à résister au sort de la guerre, écrasées et remplacées par une race plus robuste, nomade, mogoloïde, aguerrie, que l'exercice même de la guerre tendra à élever sur l'échelle des aptitudes physiques à la survivance. Le conseil de revision, à cette époque lointaine du XIVe siècle, traitait à forfait et sous bénéfice d'inventaire avec la lourdeur des armes, l'excès des fatigues et la mort. C'était une série de *lendits* à la tartare d'où sortait une race forte, remplie de sève. M. Melchior de Vogüé en reconnaissant dans ses « Spectacles contemporains » le droit à l'existence, à la guerre, nous élève au niveau si simple et si beau par conséquent, des microbes « struggleurs » pour la vie, empêchant par la lutte même l'atrophie de la race humaine. On pourrait peut-être, avec exemples nombreux à l'appui, conclure que les effets déprimants de ce qu'on appelle « usure » d'une race, usure qu'on compare volontiers à celle de l'organisme individuel arrivé au « bout de son rouleau » vital, sont neutralisés par deux facteurs de première importance : l'état social et le métissage. Pour ce qui est de l'état social, il convient surtout de mettre en opposition ou, si l'on veut, en parallèle, le nomadisme et le sédentarisme. Le fait est frappant en Asie centrale où les deux états se trouvent juxtaposés : le nomade représenté par les Kirghizes, Turcomans, Ouzbegs, etc. ; le sédentaire, par les tribus d'origine éranienne ou aryenne : les uns, grands coureurs de steppes et de déserts, bêtes à bon Dieu que n'intéressent nullement les discussions sur le nombre de mètres cubes d'air respirable d'un logement ; les autres, habitants des oasis, nids d'agglomération, protégés par l'ombre de leurs grands peupliers et les murs à scorpions de leurs habitacles de boue comme des coques d'annelides.

Les premiers sont les vainqueurs, ceux-ci les vaincus. Les descendants des hordes de Gengis-Khàn et de Timour constituent l'élément robuste et vivace, les autres, l'élément faiblissant et étiolé. Pléthore chez les uns, anémie chez les autres, au physique et au moral. Cette différenciation est bien un effet de la différence des milieux mais, pour chacune des deux fractions, du milieu extérieur aussi bien que de l'intérieur. Il en découle, à l'état d'hypothèse, l'existence d'une réceptivité morbide beaucoup moindre chez le nomade, et les faits observés confirment l'hypothèse.

Le métier de *tábib* ou médecin est inconnu chez les nomades. Ils s'adressent au grand *tábib*, à la nature qui soigne et guérit ses enfants avec un art et une promptitude dignes de plusieurs notes aux Sociétés savantes. Remarquons que le mot *tábib* possède l'acception première d' « homme de la fièvre », (de *táb* ou fièvre). C'est le guérisseur de la maladie par excellence, cette plaie des oasis dont le sol fait éclore le grain de blé et le germe du paludisme avec la même vigueur — capitoline ou tarpéienne, — comme pour prouver, sous toutes les latitudes, que les roses ont des épines ! Les voyageurs ont été depuis longtemps émerveillés de la résistance que le Kirghize, par exemple, oppose à la douleur physique et de la rapidité avec laquelle se réparent, en lui, les suites de plaies sérieuses, de traumatismes graves, de fractures abandonnées à elles-mêmes, affections qui souvent réclameraient impérieusement chez d'autres l'intervention d'une main exercée de chirurgien. Le milieu intérieur est certainement plus « aseptique » que l'extérieur dans ces cas, car le Kirghize n'est rien moins que propre de son corps. Il estime qu'en présence d'une petite quantité d'eau, il vaut mieux la boire que de s'en aiguayer la peau. Un dicton irrespectueux prétend même que le Kirghize n'est lavé que lorsqu'il pleut ou quand il tombe à l'eau : ce qui n'arrive que très rarement. Une calotte de peau de mouton, immuablement vissée à son crâne brachycéphale, assure très souvent l'impunité et les libres ravages à des maladies du cuir chevelu, tandis que le refus de son tube digestif de fonctionner convenablement sous une charge excessive lui amène les désagréments inhérents à ces excès. Dire que le Kirghize est une merveilleuse fourchette serait une métonymie risquée en ce sens seulement qu'il engloutit des monceaux de nourriture avec les cinq doigts de la main droite, la main pure.

Il est certain que, si l'homme évoluait vers le ruminant, le Kirghize serait un des plus près du but de l'évolution.

Je ne dois pas oublier que j'ai placé le nom de Tamerlan le boiteux en tête de cette esquisse pour avoir le prétexte de dire que les bancals, rachitiques, estropiés, scoliotiques, cyphotiques sont très rares en Asie centrale.

Est-ce parce que leurs chevaux sont plus doux, leurs machines moins compliquées, leurs couteaux moins prompts, leurs « jurys » pour crimes passionnels plus sévères et les accidents plus rares, ou parce que le rachitisme tare moins la population *ab ovo*. Il y a peut-être de tout cela et il se peut aussi que la chirurgie indigène dans l'enfance ne soit pas assez habile pour aider la nature dans la conservation de ceux que la tare originelle, ou quelque accident, a forcés de s'en remettre à son savoir-faire.

Jusque dans les dernières années, les indigènes du Turkestan aussi se sont refusés généralement à recourir à la science du médecin européen quoiqu'ils en reconnaissent l'évidente supériorité. Ils ont préféré laisser succomber leur femme en mal d'enfant difficile, que d'introduire auprès d'elle l'accoucheur ou l'accoucheuse russe ; ils s'en vont volontiers auprès de leur tàbib, marchand de drogues plus ou moins sympathiques, acheter une poudre spécifique ou un morceau de papier barbouillé d'écriture noire et rouge qu'ils avalent, poudre ou papier, ou qu'ils placent sur l'endroit malade comme un sinapisme spirituel. On parle beaucoup d'auto-suggestion aujourd'hui ; je crois que les tribus à l'état primitif et subséquent la pratiquent sur une très grande échelle avec d'au-

tant plus de « succès » que la drogue ou la pratique est
plus inoffensive et la foi plus grande. Que le premier péle-
rin de Lourdes jette la pierre au Persan qui guérit avec un
peu de terre sainte du tombeau de Kerbéla ou au musulman
du Takht-i-Soliman à Och qui dégringole, avec foi, sur une
sainte glissade du rocher pour ne plus avoir mal au dos... Le
fétu produit des accidents ophthalmologiques plus graves que
la poutre. Cependant, dans les derniers temps, l'indigène est
devenu moins rebelle à la médicamentation et au traitement
par le médecin russe et il est à prévoir que l'enseignement
portera ses fruits à Samarcande et à Tachkent comme il en
a déjà porté à Téhéran sous la féconde et habile initiative du
Dr Tholozan. Les Russes ont déjà fait beaucoup sous ce rapport dans leur vaste province centrale-asiatique, notamment
en ce qui concerne l'hygiène et l'assainissement, mais il
reste encore beaucoup à faire pour l'indigène dont le fata-
lisme exclut toute intelligence de prophylaxie et dont les
mœurs, si rebelles à l'influence civilisatrice lorsqu'il ne s'agit
pas de vices, se prêtent si peu à des bienfaits qu'on désire,
avant de les vendre, rendre à des gens malgré eux.

Cette force de la mode, du « bon vieux temps », du *chariat*,
dira-t-on en Asie centrale, pour l'usage-loi, résiste au souci et
aux besoins de la santé. En voici un exemple du pays, quoique nous n'ayons pas besoin de nous déplacer de chez nous
pour en trouver.

Lorsqu'en 1881 nous nous trouvâmes à Karchi dans la Bou-
kharie, en compagnie d'un médecin russe de l'expédition,
nous reçûmes la visite d'un indigène d'origine juive. Le bon-
homme, comme tous ses congénères, portait deux longues
boucles de cheveux ou *païssés*, lui encadrant la figure. La pli-
que polonaise, dont il venait se plaindre, lui avait envahi le
cuir chevelu et collé aux tempes des tire-bouchons rigides.

Le médecin lui ordonna de se faire couper les païssés avant
tout, mais l'israélite, scandalisé de cette proposition contraire
à la loi, s'esquiva avant d'avoir attendu la drogue qu'on allait
lui remettre. En 1887, me trouvant prisonnier du roi de Tchitral dans la ville du même nom, on vint me chercher
à minuit pour guérir une des nombreuses princesses royales
d'une fracture du pied qu'elle s'était faite en sautant un bas-
sin. Pour comble de malheur, le pied était celui de la favorite.
Le roi me reçut dans la première cour, moins boule-dogue
que d'ordinaire parce qu'il avait besoin de moi ; mais je ne
pus le déterminer à me faire voir la cliente malgré le plus

vif désir que j'eus d'en faire la connaissance et la nécessité d'appliquer le bandage autrement que par procuration. Il est en effet défendu à un musulman de voir la figure d'une femme qui n'est pas la sienne quoique de sa religion, et *a fortiori* à un *Kâfir* (infidèle) de toucher la jambe d'une princesse tchitralienne. Le roi voulut absolument avoir une pilule, une poudre « blanche » quelconque qui guérirait la fracture et conserverait la princesse à l'exclusive contemplation de son royal et jaloux époux. On risqua, dans l'entourage familier du monarque, une timide proposition, tendant à faire passer la jambe malade dans l'entrebaillement d'un paravent dont la hauteur préserverait la princesse du regard indiscret d'un médecin Kâfir ; mais la proposition n'eut pas de succès dans l'esprit du roi. Je dus me borner à décrire le bandage et le traitement et à plaindre le sort d'une princesse du Tchitral. Trois jours après on me pria de revenir au château pour la même cause. La jambe avait enflé d'une façon inquiétante et la princesse allait mal. On m'apprit qu'au lieu d'eau froide et de bandage, on avait jugé préférable de dire des prières sur la malheureuse, mais que tout de même la jambe enflait de plus en plus. Je n'eus pas plus de succès que la première fois : je renouvelai l'ordonnance et j'y ajoutai un lait de poule. J'ai perdu l'intéressante malade «de vue», car quelques jours plus tard, nous étions libres et en route. Allez donc faire de la médecine avec une famille pareille. Avec une abstention aussi complète de l'usage d'un médicament et d'un traitement, ils ne rendraient au malade que le seul service de ne pas le « secouer avant de s'en servir ».

Revenons à Karchi, si vous le voulez bien, et allons faire un tour au bazar. Ville et bazar ressemblent à ceux de toute l'Asie centrale et les remarques que nous pourrons faire s'appliqueront, sans grande variation, à toutes les oasis de ce pays au sol argileux, à la végétation exubérante grâce à la profusion de l'eau d'irrigation, aux journées chaudes, aux nuitées fraîches où les fièvres croupissent sur les terres en fermentation et se traînent, sous des formes larvées ou rapidement meurtrières, de maison en maison et d'organisme en organisme. L'indigène en souffre autant que l'Européen et le sulfate de quinine est devenu la drogue la plus populaire au point qu'elle est considérée comme une panacée.

Aussi voyons-nous bon nombre de Sartes (habitants des villes, de race aryane) couchés devant leur porte, à l'ombre d'un mur, ou d'un mûrier, grelotter la fièvre en poussant des han ! de désespoir : car, autant le nomade est insensible à la douleur physique, autant le Sarte est douillet et geignant. J'ai vu un indigène se rouler par terre dans le désespoir final que lui causait une amygdalite.

En chevauchant de par la ville, nous coupons et nous longeons de nombreux canaux d'irrigation (aryks) qui, dérivés des artères de plus en plus minces au fur et à mesure qu'elles se ramifient, vont porter dans toutes les maisons et dans tous les jardins, l'eau destinée aux multiples usages de l'intérieur : cuisine, ménage, ablutions, hygiène religieuse, jardinage, etc. C'est dans l'aryk que les femmes puisent l'eau pour le pillaff, que les croyants font leurs ablutions diurnes et se rincent la bouche, que les fumeurs nettoient leur pipe à eau, que... etc. Et cette conduite d'eau à ciel ouvert ne tarderait pas à se changer en égout si la course assez rapide de ses eaux ne hâtait de réparer l'incurie des riverains ! Un pharmacien de Tachkent m'a cité la découverte d'un beau ruban de ver solitaire qu'il a faite un jour dans une prise d'eau d'un aryk ! A l'intérieur des maisons et des jardins, le Sarte aménage toujours, s'il le peut, un réservoir ou *Khaouss* qui lui assure de la fraîcheur et, durant les nuits d'été qu'il passe volontiers sur la plate-forme, de la fièvre et des rhumatismes.

La maison sarte, construite en pisé ou en briques, n'a point de fenêtres sur la rue et celles, petites, qui donnent sur la cour intérieure, sont tendues de papier huilé. L'hiver un brasero de charbon de saxaoul (*anabasis ammodendron*) répand une douce chaleur locale, recueillie par une couverture sous laquelle, en rond, les frileux vont se réchauffer les pieds et les mains. Ou bien c'est un feu de bois fumant et de galettes séchées de bouse de vache et de crottin dont la fumée âcre fait pleurer les yeux dans des poussées aiguës de conjonctivite. C'est là une des affections les plus répandues dans ces pays sans cheminées autres que le trou au plafond de la chambre ou de la tente. Les Kirghizes de l'Alaï et du Pamir, dont les yeux, très petits pourtant, ne sont pas à l'abri de l'intense réverbération de la lumière sur la neige, essaient de s'en garantir de diverses façons, assez curieuses pour être rapportées à ce propos. Les uns arrachent de la crinière d'un cheval une touffe de crins qu'en guise de voilette tamisant les rayons solaires, ils placent sur les yeux en la fixant sous le devant de leur bonnet.

D'autres se noircissent le pourtour ciliaire de charbon appelé *Kohl* si je ne me trompe, à Paris, où l'effet désiré est le

contraire de celui que recherchent les Kirghizes. Enfin, d'au-
cuns se barbouillent entièrement la figure de *laï*, sorte de
boue argileuse qui leur couvre la peau, après dessiccation,
d'un masque blanc protecteur contre les mille feux scintillants
de la neige. Certaines modes ont de ces origines hygiéniques
lointaines qui nous donnent, par exemple, la raison de cette
coutume des femmes musulmanes de se voiler hermétique-
ment.

Il suffit de rappeler que les Touaregs, habitants du désert
comme le prophète de l'Islam, désert à la lumière et aux sa-
bles irritants, se voilent la figure de par une loi que leur fait
le plaisir de ne pas respirer du sable. On connaît des person-
nes habituées à porter un bonnet de coton la nuit qui en font
porter également à leurs enfants, et ils le porteraient au pôle
aussi bien qu'à l'équateur.

Poursuivons notre promenade à travers les ruelles étroites
et poussiéreuses de Karchi. Elles sont tortueuses et cassées
en de nombreuses impasses, moins intelligemment tracées
que ces Kraals de nègres qui alignent les allées de leurs ca-
ses dans le sens du vent, afin qu'il leur rende le service de les
balayer. En Asie, une poussière épaisse les remplit en été,
une boue fétide, alimentée par les produits naturels des bêtes
de caravane, en hiver. Cette boue atteint souvent au delà d'un
mètre de profondeur.

Nous approchons du bazar dont la proximité nous est an-
noncée par le va-et-vient plus serré des caravanes et des pié-
tons. Des théories de chameaux tintinnabulant nous lancent
des effluves caractéristiques, des *arabas* aux grandes roues
grincent sur des axes en bois, des chevaux allant l'amble nous
poivrent de poussière et des ânes aux narines fendues, —pour
mieux respirer, disent leurs propriétaires, —triment et trim-
balent la charge avachie d'un flandrin d'indigène qui a l'air de
naviguer dans d'immenses babouches. Au bord de la route,
des mendiants dévêtus de leurs loques se pouillent ou exhi-
bent des plaies. D'autres, immobiles et accroupis dans leurs
haillons, implorent d'une voix dolente la générosité du pas-
sant. Voici, dans une rue, spéciale d'ordinaire, les lépreux.
La lèpre est endémique en Asie centrale, et presque toutes les
villes ont leur léproserie, appelée *Makhaou-Kichlak*. Ce vil-
lage-ghetto est situé à l'écart et ses habitants y forment une
sorte de grande famille parce que les lépreux se marient souvent entre eux. Dès que la nouvelle d'un nouveau cas de lèpre en ville arrive aux oreilles des habitants de la léproserie,

ils envoient une députation des leurs au malade pour l'engager à venir habiter avec eux et pour l'emmener. Les riches se rachètent alors de l'usage de cohabiter avec les autres lépreux, par le don d'une somme d'argent à verser tous les ans. Les pauvres s'inclinent et suivent la députation. Tous les jours de bazar, une fraction de la colonie va s'égrener le long de la route fréquentée qui mène au marché et récolter, de la charité publique, l'obole parcimonieusement offerte. Le nombre de ces malheureux atteint un millier dans le Turkestan. L'affection se présentant sous la plupart de ses formes, le terrain est facilement abordable pour le spécialiste qui voudrait en faire une étude complète et expérimentale.

Nous voici dans une des longues allées du bazar, couvertes de nattes trouées et effilochées, flanquées de deux rangées d'échoppes basses, au sol bossué et humide, arrosé incessamment par des porteurs de grosses outres de chèvre dont, d'un mouvement de semeur, ils lancent le contenu à la volée. Une symphonie d'odeurs, de relents, une « buée de pestilence » traîne dans le demi-jour des longs boyaux encombrés de bêtes et de gens. Voici le quartier des bouchers, paradis de nuées de mouches.

Plus loin, les travailleurs du cuivre, du fer, des cuirs, de la soie ; les marchands de chaussures et de calottes, d'étoffes et de fourrures.

D'immenses tas de melons, de pastèques, et de tous les fruits du pays se dressent ou s'étalent aux échoppes des marchands fruitiers.

C'est bien le pays du melon : il ne peut y avoir nulle part de meilleurs Cucurbitacées que dans le Turkestan. Le melon est la ressource du pauvre en été. Un melon énorme, succulent, sucré, délicieux, d'un sou et un sou de pain suffisent pour une journée à la sobriété caméline de beaucoup d'entre eux. A force d'en manger, ils en sont arrivés à l'accuser d'être la cause de leurs fièvres, les ingrats. Entrons boire une tasse de thé au *Tchaïnik*, au « thé, » comme qui dirait le « café » chez nous ; nous verrons défiler les types les plus remarquables de l'Asie centrale. Ils forment un kaléïdoscope vivant du plus haut pittoresque. Un *batcha*, jeune drôle à la physionomie de courtisane, nous sert une théière brûlante. Nous avons soif et nous savons par expérience qu'il n'y a rien comme une tasse de thé brûlant pour nous désaltérer. Un *Tchilim* apporté, vaste pipe à eau, que nous faisons glouglouter, nous fait tousser volontiers si nous n'en avons l'habitude : car il demande à

être fumé « par les poumons ». Les indigènes ajoutent souvent du *nacha* ou hachich au tabac, ou bien du *mâsi*; noix de
galles du pistachier et cupules de chêne, ou encore rempla-
cent le tabac par du thé noir : toutes drogues narcotiques,
qui les transportent à des cieux de plus en plus élevés avec
l'élévation de la dose. D'autres dédaignent le nacha et préfè-
rent manger du *tariak*, opium rouge ou noir en bâtonnet, ou
boire du *Koknar*, c'est-à-dire une décoction de capsules sèches
de pavot, tandis que les femmes affectionnent le *Raougani-
Keïf*, qui est une pâte sucrée de graisse de mouton avec de la
farine et du résidu de pavot. Cette gourmandise est, paraît-il,
souveraine pour chasser l'ennui.

Voici d'autres fous, des fous religieux : les derviches aux
longs cheveux, à la houppelande en damier de loques, au physique sale et au cerveau détraqué ou coquin. Névrosés, épilep-
tiques, fumeurs de nacha, exaltés ou simplement fainéants,
ces pieux vagabonds profitent de la superstitieuse considéra-
tion qui s'attache partout, chez les barbares, au détraquement
plus ou moins marqué, souvent simulé, du système nerveux.
En face de notre *tchaïnik*, un coiffeur, ou mieux un décoiffeur,
opère sur le crâne des croyants, qu'à l'aide d'un rasoir à couper le beurre et de ses doigts malaxant le cuir par un massa-
ge prolongé à l'eau, il débarrasse de sa végétation pileuse an-
tireligieuse. Porteur inconscient des germes de maladies du
cuir chevelu, le rasoir ensemence souvent le champ crânien
de végétations parasites. Favus, herpès tonsurant, pityriasis,
etc., se propagent volontiers à ces occasions. Que de parasites, petits et grands, insectes, champignons, vers et microbes
dans ce pays du melon, béni du soleil et de la terre !

L'eau vivifiante est souvent perfide. Abstenez-vous d'en
boire à Karchi, à Bokhara, à Djizak, etc., avant de l'avoir fait
bouillir. Un minuscule crustacé, le cyclope, malheureux proprié-
taire du dragonneau ou Filaire de Médine, s'introduit avec la
boisson fraîche dans votre tube digestif où les Filaires célèbrent
leurs noces. Les mâles meurent et les femelles prolifiques vont
se loger sous le tissu cutané en y formant de pénibles abcès.
C'est la maladie du *richta* dont on guérit, il est vrai, sans dif-
ficulté, si le *tàbib* qui vous soigne est adroit. Il laisse venir
l'abcès à point, et dès que le ver y logé montre, pour sortir,
l'extrémité de son filament blanc, il le pince délicatement
dans la fourche d'un petit bâtonnet de bois et l'enroule, tous
les jours, de quelques centimètres autour de son bâtonnet.
D'autres, plus habiles, après avoir dégagé l'abcès et élargi la

plaie, passent une lancette au-dessous, soulèvent le ver et, à l'aide de l'enroulement autour de leur bâtonnet, arrivent à l'extraire en quelques heures. Si, par malheur, le ver trop tiraillé, se rompt, toute la nichée des embryons qu'il contient s'échappent et vont regagner des parties musculaires plus profondes où ils ne tarderont pas à imiter leur mère et à former des abcès multiples et douloureux. Le filaire peut atteindre une longueur de près d'un mètre. L'opération faite, le *tábib* indigène recouvre la plaie d'un peu de coton et l'abandonne à la cicatrisation.

Autre plaie : le *pchà-khourda* (mauvaise mouche) ou *afghan-iara* (peste afghane) qu'on appelle encore la « maladie sarte » et qui est probablement le bouton de Biskra ou d'Alep. Les Européens, et surtout les femmes, en sont assez souvent attaqués sans que les suites dépassent la gravité d'une disgracieuse ou parfois défigurante cicatrice. Chez les indigènes, le bouton, d'apparence tuberculeuse, non douloureux, emporte parfois une partie de l'aile du nez, une portion de la joue ou un bout d'oreille. On accuse, avec pièces à conviction, l'eau de certaines régions d'être la cause de ce mal local, dû sans doute à des organismes microbiens que le microscope a fini par prendre en flagrant délit.

Inutile de dire qu'avec ces trois affections supplémentaires: lèpre, richta et bouton d'Alep, les indigènes des oasis centrales asiatiques ne sont à l'abri d'aucune des maladies de nos pays. A signaler cependant la rareté relative des grandes et meurtrières épidémies. Le choléra y a fait sa dernière grande apparition épidémique en 1872 et la petite vérole fait assez souvent des ravages. Je me rappelle avoir vu à Tachkent, en 1880, des Sartes promener un veau vaccinifère et porter le vaccin animal à domicile.

La ville de Kokane nous fournirait bien encore un intéressant sujet d'étude sur l'endémie goîtro-crétineuse locale, mais l'heure s'avance. Le soleil rouge atteint déjà le bord de la steppe de Karchi et le bazar s'emplit d'une obscurité humide qui monte de la terre. Gare les fièvres !

Permettez-moi, en rentrant au domicile, de vous raconter comment je me suis servi du salicylate de soude à Tchitral. C'était en 1887. Le roi, comme je l'ai déjà dit, nous traitait fort mal et sa cuisine laissait fort à désirer sous le double rapport de la quantité et de la qualité. Je finis cependant par trouver un remède à cette situation culinaire déplorable sous la forme de quelques drogues. Le roi ou *mehtar* en était grand

amateur et collectionneur. Il n'en savait que faire, il est vrai,
mais il était heureux de les posséder ; et, comme d'autres ont
une collection de tableaux ou d'antiquités, lui avait un «musée»
de drogues et de flacons de pharmacie qu'il mendiait ou exi-
geait de chaque voyageur de l'Inde ou des pays limitrophes qui
pouvaient en avoir.

Un jour il me pria de lui donner un remède pour un mal va_
gue du corps et des membres dont il se plaignait à tort ou à rai
son, car ce pouvait bien n'être qu'une feinte pour augmenter
sa collection. Je donnai donc au mehtar une petite dose de
salicylate, ce dont il fut si content qu'il me demanda tout le
flacon. Il avait sans doute goûté ou fait goûter à la drogue
et lui ayant trouvé un goût sucré, il en avait conclu qu'elle
devait être excellente. Je refusai d'en donner davantage, pré-
textant le besoin personnel et la qualité supérieure du remède,
disant en outre que le roi n'avait pas assez d'égards pour
nous, afin d'espérer un si grand sacrifice de notre amitié. Le
soir, au « dîner », il y eut un petit morceau de beurre et un peu
plus de viande.

Le mehtar, en revanche, eut une petite dose de salicylate,
et il en fut de même les jours suivants. Le salicylate épuisé,
j'entamai l'onguent mercuriel, en le priant de ne pas le
manger.

Et, comme les abricots commençaient à mûrir, nous vîmes
ce jour-là un plateau d'abricots à notre « table ». Finalement,
après force prières et refus, le mehtar obtint le beau flacon
vide avec son couvercle vissé en verre, ce qui nous valut une
outre pleine de miel. Je ne crois pas que jamais ces deux
médicaments aient produit meilleur ni plus singulier effet.

Borgne, j'étais passé grand médecin dans ce pays d'aveu-
gles, grâce au fait suivant. Un jour, on m'amène un bambin de
5 à 6 ans, qui, s'étant endormi sur le pré, avait reçu dans
l'oreille la visite d'une petite mouche ou guêpe. L'insecte
s'était logé profondément et à reculons dans le conduit au-
ditif.

Désespoir et cris du petit et de ses parents, tellement émo-
tionnés que la mère montra, sans voile, une mine désolée. Je
tentais, en vain, de retirer la mouche rebelle avec des brussel-
les, le petit gigotant désespérément, lorsque j'eus l'idée de la
chasser de son refuge insolite par un moyen simple qui devait
réussir. Je délayai une pincée de tabac vert en poudre appelé
noss et j'en instillai quelques gouttes dans l'oreille du bon-
homme. La guêpe ne tarda pas à sortir d'elle-même et tout le

monde fut vite consolé. Le lendemain le reconnaissant père m'envoya trois pommes vertes, comme honoraires, et « du monde s'il vous plaît ! »

Il est bien facile au voyageur de faire des heureux en distribuant des drogues, gratuitement bien entendu, qu'elles soient efficaces ou non. Tous ces clients d'occasion s'en vont contents et la foi dans le cœur. Que de fois j'ai donné à des chroniques invétérés, à des incurables, de l'eau sucrée rougie de carmin ! J'en ai peut être guéri... Que mes collègues d'Europe me pardonnent un exercice aussi révoltant qu'illégal de la médecine !

Pardonnez également, Mesdames et Messieurs, à un cicerone amateur du pittoresque de vous avoir fait faire une promenade hygiénique en Asie centrale — aussi pittoresque !

Clermont (Oise). — Imprimerie Daix frères, place Saint-André, 3.